Richard Deiss

Die schönsten Fachwerkhäuser in Mittel- und Ostdeutschland

Meine Liste der 55 sehenswertesten Fachwerkgebäude in Berlin, Brandenburg, Sachsen-Anhalt und Mecklenburg-Vorpommern

AF175155

Impressum

Autor:	Richard Deiss
Cover:	Richard Deiss
Kontakt:	richard.deiss@gmail.com
Verlag:	BoD · Books on Demand GmbH, Überseering 33, 22297 Hamburg, bod@bod.de
Druck:	Libri Plureos GmbH, Friedensallee 273, 22763 Hamburg
ISBN:	978-3-7693-2595-9

Zweite Auflage 2025, Originalausgabe

Bibliografische Information der Deutschen Nationalbibliothek
Die Deutsche Nationalbibliothek verzeichnet diese Publikation in der Deutschen Nationalbibliografie; detaillierte bibliografische Daten sind im Internet über http://dnb.d-nb.de abrufbar

Inhaltsverzeichnis

Fachwerkhaus in Stolberg/Harz

Vorwort

Ich bin ein Städte-Vielreisender und habe in Deutschland bereits alle 2047 Städte besucht, somit auch alle Städte im Nordosten. Nach einer Buchreihe zu Denkmälern in Städten, welche ich seit Juni 2022 publiziert habe, erinnerte ich mich, dass ich in den besuchten Städten auch immer wieder interessante Fachwerkhäuser gesehen hatte. So beschloss ich im Frühjahr 2023, ein Buch zu den 100 beeindruckendsten von mir besuchten deutschen Fachwerkhäusern zu publizieren und wichtige Lücken durch Kurzreisen zu schließen. Obwohl Nord- und Ostdeutschland im Buch mit mehr als 20 Gebäuden vertreten war, musste ich etliche schöne Fachwerkhäuser dieser Region weglassen. Deshalb beschloss ich, einen eigenen Band nur zu den nördlichen und östlichen, später nur zu den östlichen Bundesländern zu publizieren. Mit zusätzlichen Reisen sammelten sich weitere interessante Gebäude an, so dass ich eigene Bände zu den Bundesländern Sachsen und Thüringen publizieren konnte. Somit war eine Neuauflage nur zu den vier verbleibenden Bundesländern Berlin, Brandenburg, Sachsen-Anhalt und Mecklenburg-Vorpommern notwendig. Da der Titel publikationstechnisch beibehalten werden musste, werden Thüringen und Sachsen am Schluss des Buches kurz abgehandelt, mit Verweis auf die neuen Bände.

Die Arbeit am Büchlein hat mir geholfen, besuchte Fachwerkhäuser nochmal in Erinnerung zu rufen und neu gesehene aufmerksamer zu betrachten. Eine gelungene Sanierung kann aus einem Gebäude auch ein Schatzkästlein machen, während Vernachlässigung im Laufe der Zeit ein Gebäude unansehnlich machen kann, so dass sich die Liste immer wieder ändern kann. Ich freue mich jedoch, wenn das Buch interessierte LeserInnen findet, die es lehrreich und unterhaltsam finden. Kommentare sind willkommen. Vielleicht werden LeserInnen auch angeregt, das eine oder andere Fachwerkhaus selbst in Augenschein zu nehmen.

Isny im Oktober 2025
Richard Deiss

Einleitung

Die insgesamt 90 im Buch vorgestellten Fachwerkhäuser und die daraus ausgewählten Top-55 und Top-10 Fachwerkbauten verteilen sich folgendermaßen auf die 4 im Band enthaltenen Bundesländer:

Im Buch enthalten	Städte im Buch	Fachwerkhäuser		
		Insgesamt vorgestellt	Top 55 Region	Top 10 Region
Sachsen-Anh.	19	50	40	8
Mecklenburg-V.	9	10	4	0
Brandenburg	17	25	10	0
Berlin	1	5	1	0
Insgesamt	46	90	55	15

Am stärksten vertreten ist Sachsen-Anhalt. Vor allem der Harzrand ist geprägt ist von einer reichen Fachwerktradition mit kunstvollen Holzarbeiten. Die UNESCO-Welterbestadt Quedlinburg, Wernigerode, Osterwieck und Stolberg sind dabei wichtige Fachwerkstädte. An zweiter Stelle steht Brandenburg, mit eher einfachen Fachwerkhäusern, die jedoch in vielen kleineren Städten zu finden sind. Die Städte Perleberg und Kyritz ragen dabei mit besonderen Fachwerkhäusern etwas heraus. Fachwerkgebäude, die zu den Top-55 der Region zählen, sind mit einem ★ markiert, solche, die zu den Top-10 (und damit auch den Top-111 Deutschlands) zählen mit ★★.

Nachfolgend ein Versuch, aus der Vielzahl schöner Häuser die Top-10 der bemerkenswertesten auszuwählen. Diese werden auch in den Band „Die 100 (111) schönsten Fachwerkhäuser Deutschlands" aufgenommen.

Meine Top-10 der Fachwerkgebäude in den vier nordostdeutschen Bundesländern★★

📄: Gebäude mit Wikipedia-Artikel
(Gleichzeitig in den Top-111 Deutschland)

Land	Stadt, Fachwerkgebäude
Sachsen-Anhalt	Haldensleben, **Kühnesches Haus** 📄
	Quedlinburg, **Word 3** 📄
	Quedlinburg, **Breite Straße 53** 📄
	Quedlinburg, **Klopstockhaus** 📄
	Stolberg, **Alte Münze** 📄
	Wernigerode, **Rathaus** 📄
	Wernigerode, **Krummelsches Haus** 📄
Brandenburg	Perleberg, Kaufmannshaus am Markt
Mecklenburg-V.	Rehna, Deutsches Haus
	Wismar, Gewölbe

Zusätzliche 5 Häuser mit Besonderheiten, welche sie optische besonders attraktiv machen:

Berlin	U-Bahnstation Dahlem-Dorf	U-Bahnhof
Wernigerode	**Kleinstes Haus**	Sehr klein
Schwerin	**Zettler-Haus**	Auskragung
Solberg	**Kleines Bürgerhaus**	Anmutung
Tangermünde	**Buhnenkopf**	Auskragung

1. Berlin

In Berlin haben sich in den Randbezirken einzelne Fachwerkhäuser erhalten. Die ältesten finden sich im Bezirk Spandau, Zusätzlich wurden im Historismus Gebäude im Fachwerkstil angelegt, darunter sogar eine U-Bahnstation (Dahlem-Dorf), mit Reet gedeckt wie norddeutsche Bauernhöfe.

U-Bahnstation Dahlem-Dorf

Kolk 2 und **Kolk 5**

Die ältesten Fachwerkhäuser Berlins finden sich im Bezirk Spandau, vor allem im Kolk, einst Teil der Altstadt, heute davon durch eine breite Straße abgetrennt. Dort finden sich noch Teile der Stadtmauer aus dem 14. Jahrhundert. In der Straße Kolk gibt es eine kleine Fachwerkzeile. Beim Haus **Kolk 2**, im Bild unten ganz rechts, wurde nach 1983 der Putz abgeschlagen und das Fachwerk freigelegt. Das Haus wird auf das Jahr 1700 datiert. Die frühere Gaststätte Alte Kolkschänke bekam in den letzten Jahren ihre Fachwerkfassade zurück. **Kolk Nummer 5** ist ein Neubau aus dem Jahr 1975 mit Fachwerkfassadenbild.

Adresse: Kolk (Spandau)

U-Bahnhof Dahlem Dorf (1913) ★ 🖹

1912-13 wurde, auch auf Wunsch Kaiser Wilhelms, der U-Bahnhof Dahlem-Dorf im Stil eines norddeutschen Gutshauses als reetgedecktes Fachwerkhaus mit Krüppelwalmdach erbaut. Im Dezember 1980 brannte der Bahnhof ab und musste wiederaufgebaut werden. 1987 wurde er in Japan zum schönsten U- Bahnhof Europas gewählt. 2012 brannte das Reetdach erneut und wurde durch eine Nachbildung aus Kunststoff ersetzt. Bei einer Erneuerung des Daches im Jahr 2023 wurde wieder echtes Reet verwendet.

Restaurant Paris-Moskau (1897) 📄

In der Nähe des Berliner Hauptbahnhofs gibt es ein Fachwerkhaus, welches 1896-97 als Schankwirtschaft für die Arbeiter der Reichsbahn erbaut wurde. Es ist heute die älteste noch existierende Gaststätte in Moabit. Im 2. Weltkrieg wurde das Gebäude als einziges der Gegend nicht zerstört. 1984 wurde es von einem Privatmann gekauft und restauriert. Er nannte das Restaurant ab 1987 ‚Paris-Moskau‘, da einst Züge dieser Verbindung, sogar noch zu Zeiten der Teilung, unweit des Gebäudes vorbeifuhren. Es gab immer wieder Abrisspläne, da hier nach der Wende Regierungsbauten entstehen sollten.

Adresse: Alt Moabit 141

Wendenschloss (1970er)

Hier stand ein im 18. Jahrhundert errichtetes Ackerbürgerhaus. 1966 wurde es trotz Denkmalschutz abgerissen. Die Nikolaigemeinde errichtete einen Neubau mit vorgeblendetem Fachwerk.

Adresse: Jüdenstraße 35

2. Brandenburg

Brandenburg ist nicht besonders reich an Fachwerkhäusern und in der Regel sind diese von eher einfacher Ausführung. Fachwerkbalken sind meist im rechten Winkel zueinander angeordnet, Schnitzereien und Bemalungen fehlen in der Regel. Oft sind es nur zweigeschossige Bauwerke, ohne einen massiven Steinsockel, wie er oft in mittelalterlichen Städten weiter im Westen zu finden ist. Im Norden und Westen des Bundeslandes sind Fachwerkhäuser etwas häufiger als im Süden. Wichtige Fachwerkstädte der Region sind Angermünde, Kyritz und Perleberg.

Typische einfach Fachwerk-Balkenkonstruktion in **Ziesar Bardelebensche Gutsanlage** (Ende 16. Jahrhundert)

Adresse: Frauentor 15

Markt 23 (um 1715)

Angermünde hat keine besonders alten oder herausragenden Fachwerkgebäude. An fast jedem Fachwerkhaus informiert jedoch eine Tafel ausführlich über die Geschichte des Hauses. Im Vorgängerbau des Hauses Markt 23 wohnte einst der Feldherr Wallenstein. Eine Gaststätte im nach 1712 erbauten Fachwerkhaus, einst ein Handwerker- und Kaufmannshaus, heute eines der ältesten Häuser der Stadt, hieß deshalb lange ‚Wallenstein'. 1995 bis 1996 wurde es von Grund auf saniert. Heute findet sich dort ein indisches Restaurant.

Adresse: Markt 23

Alte Ratswaage (Mitte 18. Jahrhundert)

Eine Tafel am Gebäude informiert:

Der eingeschossige barocke Fachwerkbau wurde für die Aufnahme der Ratswaage von 1752 errichtet, die in der Mitte des Baues aufgestellt wurde. Mit ihr wurden vor allem die Großwaren, z.B. Wollballen, gewogen. Die anderen genormten Maße von 1714, wie die Elle, waren ursprünglich am Rathaus angebracht. Nach Abbruch der Stadtwache am Rathaus diente das Gebäude zur Unterbringung der Hauptwache der Garnison bis zum 1. Weltkrieg. Anschließend wurde das Gebäude für die Feuerwache umgebaut und diente der Angermünder Freiwilligen Feuerwehr bis 1997 als Standort. Das Haus wurde 2000 rekonstruiert.

Adresse: Brüderstraße 1-4

Haus 309 (18. Jahrhundert)

Eine ausführliche Tafel am von einfachen Fachwerkstrukturen gekennzeichneten Haus informiert, dass dies das Wohnhaus der Bürgermeisters Carl Heinrich Stiller (1782-1850) war, der das Amt des Bürgermeisters von 1809-1849 innehatte. Unter Stiller kam die Stadt zu bescheidenem Wohlstand, die Stadttore wurden abgebrochen, Angermünde wurde zur Kreisstadt und erhielt einen Eisenbahnanschluss, für den sich Stiller besonders eingesetzt hatte.

Adresse: Hoher Steinweg 18

Speicher (1487) ★

Das 1487 als Speicher erbaute und 1513 nach einem Brand zu einem
Wohnhaus umgebaute Fachwerkhaus in der Kirchgasse von Beeskow
ist nicht nur das älteste Haus der Stadt, sondern das älteste der ganzen
östlichen Mark Brandenburg.

Adresse: Kirchgasse

Wohnhaus Wiesenburger Str. (1661)

Das zweigeschossige Wohnhaus mit Krüppelwalmdach ist mit 1661 bezeichnet. Das Backstein-Erdgeschoss ist verputzt, das Oberge-schoss und der Giebel sind fachwerksichtig.

Adresse: Wiesenburger Str. 1

Kantorhaus (1583) ★

Das 1583 erbaute Kantorhaus ist das älteste erhaltene Wohngebäude der Stadt Bernau. In Bernau gab es einst viele Fachwerkhäuser, die Stadt blieb im Zweiten Weltkrieg fast unzerstört. Doch in den 1980ern waren diese so marode, dass Bernau in der DDR zu einer Modellstadt für den flächenmäßigen Abriss und den Ersatz durch Plattenbauten wurde. In der Tuchmacherstraße blieb nur das Kontorhaus erhalten, es wurde sogar teilweise historisierend rekonstruiert. Alle anderen Bauten der Straße wurden durch kleinere, heute modernisierte Plattenbauten ersetzt.

Adresse: Tuchmacherstraße 13

Brandenburg (Havel)

Quitzowhaus (1578) ★ 🗎

In der Brandenburger Altstadt ist an einer Tafel am nur noch auf einer Seite Fachwerk zeigenden, sanierungsbedürftigen Haus zu lesen:

> Das große Bürgerhaus wurde 1577/78 errichtet und ist das reichste erhaltene Renaissance-Fachwerkhaus Brandenburgs. Die fachwerkseitige Giebelseite mit ihren erhaltenen Schmuckelementen (doppelte Schiffskehlbalken, geschnitzte Fächerrosetten und Andreaskreuze) vermittelt einen Eindruck vom ursprünglichen Erscheinungsbild dieses außergewöhnlich wertvollen Fachwerkgebäudes. Es handelt sich um das einzige in Brandenburg erhaltene Beispiel eines Renaissance-Fachwerkbaus mit Schmuckfachwerk niedersächsischer Prägung.

Adresse: Bäckerstraße 11

Eichhortsches Haus (1663) ★

Das 1663 erbaute ‚Eichhorstsche Haus' am Marktplatz von Kyritz war einst eher eher Speicher- und Lagerhaus als Wohnhaus und ist eigentlich untypisch für Brandenburg, wo Fachwerkhäuser meist niedrig sind und einfache Balkenstrukturen aufweisen. 2002/03 wurde es für 1,1 Millionen Euro saniert.

Adresse: Johann-Sebastian-Bach-Str. 44

Geburtshaus Carl Diercke (Ende 18. Jahrhundert)

Das Ende des 18. Jahrhunderts erbaute Fachwerkhaus in Kyritz ist durch seine einfache Architektur mit orthogonaler Balkenanordnung ohne Zierformen typisch für Brandenburg. Der Kartograph Carl Diercke, nach dem noch heute Schulatlanten benannt sind, wurde hier 1842 geboren. Dierckes Vater hatte das Haus im Januar 1839 gekauft.

Adresse: Marktplatz 14

Fachwerkhaus am Markt (1682)

Das 1682 errichtete, 1996/97 grundlegend sanierte Fachwerkhaus zeigt einen markanten schiefwinkligen Giebel, der durch eine bauliche Erweiterung, der Überbauung der Zufahrt zum Grundstück, entstand. Das Ehepaar Paul und Friedrich Dräger versteckten hier von 1. August 1943 bis zum 2. Mai 1945 das aus Hamburg kommende jüdische Ehepaar Theodor und Alice Steigerwald.

Adresse: Johann-Sebastian-Bach-Str. 36

Kaufmannshaus (1525) ★

Das 1525 erbautes Kaufmannshaus mit seinem reichem Fassaden-
schmuck am Markt in Perleberg wurde 1525 erbaut und 1992-96
restauriert. Die geschnitzten Knaggen-Figuren sind eine Besonder-
heit. Das Gebäude wurde 2018 als Denkmal des Monats ausgezeich-
net.

Adresse: Großer Markt 4

Kaufmannshaus (16. Jahrhundert) ★

Das im 16. Jahrhundert erbaute Fachwerkaus gehört zu den ältesten der Perleberger Kaufmannshäuser. Es diente einst einem Kaufmann im Erdgeschossbereich als Wohnung und in den Obergeschossen als Speicher. 1986-89 wurde es restauriert und auf den Ersterrichtungszustand rückgebaut. Seitdem wird es für Ausstellungen genutzt.

Adresse: Schuhmarkt 1

Restaurant Juliette (18. Jahrhundert) ★

Das Fachwerkhaus aus dem 18. Jahrhundert wurde im 19. Jahrhundert verputzt. Bei der Sanierung im Jahre 1993 wollte der damalige Eigentümer das Fachwerk wieder freilegen, die Denkmalpflege jedoch den verputzten Zustand des 19. Jahrhunderts erhalten. Als Kompromiss zeigt das Erdgeschoss die Änderungen des 19. Jh., das Dachgeschoss jedoch Fachwerk. Das mittlere Geschoss zeigt teils Fachwerk, teils Putzfassade, wobei der Übergang illusionistisch gestaltet wurde, so als ob der Putz weggerollt wird, um das Fachwerk zu zeigen. Auch die Fenster sind jeweils unterschiedlich gestaltet.

Adresse: Jägerstraße 39

Kirchplatz 4 (1576) ★

Das 1575-76 erbaute Fachwerkhaus am Kirchplatz von Rathenow ist das älteste noch erhaltene Wohnhaus der Stadt. 1689 wurde der Fachwerkgiebel durch ein Walmdach ersetzt. Bis 1905 wohnte der Küster der örtlichen Kirche im Haus. 1995/96 wurde es von einem örtlichen Architekten saniert.

Adresse: Kirchplatz 4

Bahnhofstraße 3 (1751/1800)

Das zweigeschossige Wohnhaus aus dem 18. Jahrhundert zeigt Fachwerk mit Lehmausfachung und wurde um 2010 saniert.

Adresse: Bahnhofstraße 3/Hospitalstraße

Markt 43 (18. Jahrhundert)

Das zweigeschossige traufständige Fachwerkhaus wurde im 18. Jahrhundert erbaut. Die Fassade des Obergeschosses zeigt Sinnsprüche (*,Hat der Bauer sein Brot, leidet auch der Städter keine Not'*, *,Berg und Thal kommen nicht zusammen, aber die Menschen'*) und Ziermalereien und ist mit ,Anno 1700' bezeichnet.

Am Markt 23 (Anfang 18. Jahrhundert) (📄)

Nach dem Stadtbrand von 1712 errichtetes Fachwerkhaus am Marktplatz. Ab 1994 restauriert.

Jugendbauhütte (1711)

Das 1711 erbaute und 1875 umgebautes Bürgerhaus Lange in zentraler Lage der Innenstadt stand lange leer und verfiel zunehmend. 2015 wandte sich die Stadt an die Deutsche Stiftung Denkmalschutz, mit dem Vorschlag, es mit der Jugendbauhütte Brandenburg zu sanieren. Die Stiftung erwarb es zum symbolischen Preis von 1 Euro und 2018 begannen erste Arbeiten. Bis 2022 wurde es von Jugendlichen, die ein Freiwilliges Soziales Jahr (FSJ) im Denkmalschutz ableisteten, in Zusammenarbeit mit erfahrenen Handwerkern saniert. Heute ist es ein Haus der Jugendbauhütte Brandenburg und enthält Wohnungen für Jugendliche, die ein FSJ im Denkmalschutz absolvieren (bundesweit sind das etwa 350 Jugendliche pro Jahr).

Adresse: Breite Straße 1

Gildenhaus (1540) ★

Das 1540 erbaute Gildenhaus ist das älteste Wohnhaus der brandenburgischen Stadt Treuenbrietzen. Es wurde 2002-2003 modernisiert und instandgesetzt.

Adresse: Großstraße 122

Stadtmuseum Alte Burg (1669) ★

Die **Alte Burg**, 1969 als Weißes Schloss der Edlen Herren Gans zu Putlitz erbaut, ist das älteste erhaltene Wohngebäude Wittenbergs. Es zeigt eher einfache Fachwerkstrukturen fast ohne Zierformen, an der Giebelseite mit Andreaskreuzen und Mann-Figuren. Heute ist hier das Stadtmuseum untergebracht. Die Dauerausstellung informiert über die Geschichte der Stadt. Die Räume des Obergeschosses zeigen nachempfundene Wohn- und Schulräume die Lebenswelten des 19. Und 20. Jahrhunderts.

Adresse: Putlitzstraße 2

5 weitere besondere Fachwerkhäuser in Brandenburg

Angermünde		
Gasthaus Goldenes Lamm (1700), Berliner Straße 2		Das zwischen 1690 und 1700 entstandene Haus zählt zu den ältesten Gebäuden der Stadt. 1826 wurde hier dein Gasthaus eingerichtet, das ab 1900 ‚Goldenes Lamm' hieß. Ab 2006 wurde es von Privatleuten saniert und zu einem Wohnhaus umgebaut.
Putlitz		
Ernst Thälmann Str. 14 (18. Jahrhundert)		Das älteste Wohnhaus der Stadt Putlitz wurde 2018 von der Stadt übernommen und in den Jahren 2019-2023 aufwändig saniert (Kosten 1.4 Millionen Euro) und zu einem Seniorentreff umgestaltet.
Rathenow		
Kirchgang 16 (1702)		Kirchgang 16 ist ein Haus, welches 1702 anstelle der Stadtmauer erbaut wurde. Bei der Sanierung 1997/98 das Fachwerk wieder freigelegt, um der kleinen Altstadt zu ein bisschen Atmosphäre zu verhelfen.
Kirchplatz 5 (16. Jahrh.)		Nachbarhaus des 1575-76 erbauten ältesten noch erhaltene Wohnhauses der Stadt und etwa ähnlich alt.
Spremberg		
Sonntagsches Haus (1700), Burgstraße 9		Ältestes Wohnhaus der Stadt. Vor dem großen Stadtbrand von 1705 erbaut und seither in seiner Kubatur unverändert. 2012 wurde das Haus von einer Interessensgemeinschaft erworben und saniert. Seither kulturelle Nutzung.

3. Sachsen-Anhalt

In Sachsen-Anhalt gibt es vor allem im Harz und in den Harzrandgebieten bedeutende Fachwerkstädte. Im Krieg hat die prächtige Fachwerkstadt Halberstadt, die mit 1600 Fachwerkhäusern an der Spitze in Sachsen-Anhalt und nach Frankfurt (2000 Fachwerkhäuser) und Hildesheim (2000) an dritter Stelle in Deutschland lag, viele Gebäude verloren und weitere fielen der Vernachlässigung zu DDR-Zeiten zum Opfer. Dennoch sind einige interessante Häuser übriggeblieben. In Wernigerode (nur geringe Kriegszerstörungen) und vor allem Quedlinburg sind die großen Altstädte mit ihren vielen Fachwerkhäusern jedoch weitgehend erhalten geblieben. Eine bedeutende, aber weniger bekannte und besuchte Fachwerkstadt ist zudem Salzwedel. Osterwieck und Stolberg/Harz sind weitere wichtige Fachwerkstädte mit historisch geschlossenem Ortsbild.

Stadt	Zahl der Fachwerkhäuser
Quedlinburg	1300
Wernigerode	600
Salzwedel	über 600
Halberstadt	450 (vor dem Zweiten WK: 1600, im Krieg zerstört: 600, Abriss 1945-1989: 600
Osterwieck	400
Stolberg/Harz	380
Oebisfelde	um 200

Bedeutende Fachwerkgebäude die in die Liste der Top-111 Deutschlands eingehen finden sich vor allem in Quedlinburg und Wernigerode (siehe Liste der vorherigen Seite), weitere in Osterwieck, Stolberg, Haldensleben und Halle.

3.1 Harz und Harzvorland

Quedlinburg

Fachwerkmuseum Ständerbau (1347) ★ 📄

Das 1346/47 erbaute freistehende Fachwerkhaus ist eines der ältesten und markantesten Fachwerkgebäude Quedlinburgs. An ihm wird das Ständerbauprinzip besonders deutlich. Gebäudehohe Ständer, die also von der Schwelle bis zum Dach reichen, stellen dabei das tragende System dar. Später hat sich der Fachwerkbau zur Rähm- bzw. Stockwerksbauweise weiterentwickelt. Das Haus in Quedlinburg hat zwei Geschosse und eine Grundfläche von 48 m^2. Die Ständer sind eingezapft, die Zapfen nach außen sichtbar. Die Gefache sind mit Hölzern verfüllt, darauf eine mehrere Zentimeter dicke Strohlehmschicht, darauf ein Kalkputz, der die Querbalken verdeckt. Bis 1968 war das Haus bewohnt, 1976 wurde ein Museum eingerichtet. 1997 kam es durch einen Brandanschlag zu starken Schäden.

Adresse: Wordstraße 3

Word 3 (um 1560) ★★

Das gegenüber dem Fachwerkmuseum liegende Haus fällt durch sein steiles Krüppelwalmdach und das deutliche Hervorkragen der Obergeschosse auf. Es ist mit Verzierungen im niedersächsischen Stil versehen, darunter Fächerrosetten, die sich jedoch farblich zurückhalten. Früher für Wohnzwecke genutzt, im 20. Jahrhundert auch für ein Fabrikations- und Handelsgeschäft, sitzt heute ein örtlicher Sanierungsträger im Gebäude.

Adresse: Word 3

Schuhmachergildehaus (1554) ★ 🗎

Das zweistöckige Fachwerkhaus mit den schwarzen Balken und den weiß verputzten Gefachen diente einst der Quedlinburger Schuhmachergilde als Zunfthaus. Es weist typische Fachwerkverzierungen der Renaissancezeit auf, wie Fächerrosetten und Schiffskehlen. Das Obergeschoss kragt vor, ebenso das Zwerchhaus.

Adresse: Breite Straße 51

Breite Straße 53 (1560) ★ ★ 🗎

Das dreistöckige, weit vorkragende Fachwerkhaus neben dem Schuhmachergildehaus wurde im Stil der Frührenaissance erbaut. Die Fassade ist reich mit Schnitzwerken verziert. Unter anderem Fächerrosetten und Flechtbänder sind zu sehen. Zusätzlich ist sie mit einer Bemalung versehen, die während der barocken Umgestaltung des Hauses im 17. Jahrhundert angebracht wurde Es zeigt sogar noch Fenster in originalen Abmessungen. Lange gehörte das Haus einer Apothekerfamilie. 1993 wurde es saniert. Heute findet sich im Erdgeschoss ein Spielwarenladen.

Adresse: Breite Straße 53

Finkenherd 1 (Anfang 16. Jahrhundert) ★

Nach einer Sage hat der Sachsenherzog Heinrich während eines Vogelfangs beim Finkenherd davon Kenntnis bekommen, dass er zum deutschen König gewählt wurde. An der Nordseite der Häuserzeile Finkenherd fällt ein schlanker Kopfbau auf. Das genaue Baujahr dieses Ständerbaus (die Ständer umfassen beide Geschosse) ist nicht bekannt, es wird jedoch vermutet, dass das Fachwerkhaus in der Zeit nach 1530 errichtet wurde. 1818 wurde im Haus der Landschaftsmaler Wilhelm Steuerwald geboren. Das Haus wurde 1983/84, also noch zu DDR-Zeiten, instandgesetzt.

Klopstockhaus (um 1560) ★ ★ 📄

Das im niedersächsischen Stil erbaute Fachwerkhaus ist das Geburtshaus des Dichters Friedrich Gottlieb Klopstock (1724-1803). Die Fachwerkstruktur ist eher einfach. Fächersonnen treten durch ihre schwarze Bemalung kaum hervor. Der Erker über dem Eingang wurde später auf zwei Stockwerke erhöht und mit Säulen abgestützt. 1897 kaufte die Stadt Quedlinburg das Haus und seit 1899 ist es ein Museum. 1995 erfolgte eine Generalsanierung des Gebäudes.

Adresse: Schlossberg 13

Haus der Städteunion (1576) ★ 📄

Durch seine plastische Fassade mit Fächerrosetten gilt das Haus als eines der bedeutendsten Renaissancegebäude Quedlinburgs. Eine Sanierung stellte 1997 die ursprüngliche Fassadengestaltung wieder her. Das Gebäude ist Sitz der seit 1990 bestehenden Union der von Fachwerkbauten geprägten Städte Celle, Hameln, Hann. Münden, Herford und Quedlinburg.

Adresse: Hohe Straße 8

Zur Goldenen Sonne (1671) ★ 🗎

Das Besondere an diesem dreigeschossigen, heute als Hotel genutztem Fachwerkhaus, sind die nach Norden abfallenden Stockwerksschwellen. Der Dachstuhl ist geneigt und hängt 70 Zentimeter über. Auf dem Dach findet sich ein Zwerchhaus mit Ladeluke, im Erdgeschoss ein kleiner Kastenerker. Ein großes Hoftor ermöglichte einst eine Hofdurchfahrt. Heute befindet sich im Haus ein Hotel mit einer Gaststätte.

Adresse: Steinweg 11

Hotel Sankt Florian (1578) ★

Dieses Fachwerkhaus wurde von 1976-1979, also bereits zu DDR-Zeiten, restauriert und diente dann als Hotel. 1990 wurde es an die Alteigentümer übergeben. Nach längerem Leerstand findet sich im Haus wieder ein Hotel sowie eine Gaststube.

Adresse: Gerberstraße 10

Gleimhaus (16. Jahrhundert) ★📄

In diesem Fachwerkhaus mit seinem Sandsteinerdgeschoss wohnte der Dichter Johann Wilhelm Gleim (1719-1803). Er war mit vielen bedeutenden Schriftstellern des späten 18. Jahrhunderts in Kontakt und machte Halberstadt zu einem literarischen Zentrum. Er trug zudem eine Dichter-Portraitgalerie zusammen, 10 000 Handschriften und eine Bibliothek, Kernstücke des Museumsbestandes.

Adresse: Domplatz 31

Weinhandlung ‚Zur Sonne' (1661) ★

Das 2018-2019 komplett sanierte Fachwerkhaus wurde 2021 vom Landesinnungsverband des Maler- und Lackierergewerbes zum schönsten Haus Sachsen-Anhalts gewählt. Es gewann im Wettbewerb „Wir bringen Farbe ins Land" zwei von vier Kategorien.

Adresse: Gröperstraße 54-55

Ratsmühle (1594) ★

Das 1594 von Gerbern erbaute Fachwerkhaus diente diesen einst als Mühle und wurde später zur Ratsmühle. 1998 wurde es mit Hilfe der Stadt durch den jetzigen Eigentümer saniert.

Adresse: Hoher Weg 1

Röderscher Sattelhof (15. Jahrhundert) ★ 📄

Der Hof wurde 1491 erwähnt, als er der Familie von Röder als Lehen übergeben wurde. Es war eines von nur 13 landtagsfähigen Rittergütern, die bis 1872 Stimmrechte bei der Wahl zum Landtag des Herzogtums Anhalt-Bernburg boten. Das Fachwerkmuster ist überwiegend einfach, mit Rautenmustern und Halber Mann-Strukturen, weist jedoch auch Zierelemente wie Knaggen, Taustäbe und profilierte Brüstungsbohlen auf.

Adresse: Marktplatz 8

Winkelsches Haus (1570) ★ 📄

Von Pfarrer Heinrich Winkel mit seiner Ehefrau, die aus einer der wohlhabendsten Familien der Stadt stammte, für seine Erben 1570 errichteter dreistöckiger Fachwerk-Eckbau. Das Renaissance-Fachwerkhaus zeigt bunte Fächerrosetten im Brüstungsbereich und eine Inschrift an den Stockschwellen.

Adresse: Am Markt 14

Haus Marre (1550) ★

Im am Stadtbach gelegenen **Haus Marre** findet sich unter den Renaissance-Fächerrosetten im Brüstungsbereich eine längere, sehr frühe Hausinschrift, die einzige in Osterwieck in niederdeutscher Sprache. Eine Generation nachdem Luther seine Thesen in Wittenberg anschlug, bringt sie protestantische Sozialethik zum Ausdruck. Heuet findet sich im Haus eine Kneipe.

Adresse: Stobenplatz 2

Hagen 45 (1569) ★

Zweistöckiger giebelständiger Fachwerkbau mit einer unter anderem mit Fächerrosetten reich verzierten Fassade. Die Haustüre und die Fenster stammen teilweise aus dem frühen Barock. Heute lebt eine Geigenbauerfamilie im Haus.

Adresse: Hagen 45

Rosmarinstraße 7/8 (1596) ★

Das Kaufmannshaus aus der Renaissancezeit zeigt Fächerrosetten und eine Arkadenbrüstung. Nachdem Feuer einen Teil des Gebäudes vernichtete, wurde 1614 der vorspringende, im kleinen Bild zu sehende Bau mit reich dekorierter Ornamentik errichtet. Das Haus zeigt zudem neidabweisende Inschriften.

Rathaus (1454) ★ 📄

Das Rathaus der Kleinstadt Stolberg im Harz wurde 1452-1454 erbaut und 1480-82 um zwei Fachwerkgeschosse erhöht. De Größe des Rathauses zeigt, dass die Stadt früher bedeutender war. Interessanterweise richtet sich die Zahl einiger Elemente nach dem Kalender. So gibt es 12 Türen, 52 Fenster und 365 bzw. 366 Fensterscheiben.

Adresse: Rittergasse 2

Museum Kleines Bürgerhaus (um 1470) ★

Das um 1470 in spätgotischen Stilformen erbaute Fachwerkhaus gehört zu den ältesten erhaltenen Wohngebäuden Stolbergs. Heute beherbergt es ein Museum. Ausgestellt sind Mobiliar und Hausrat aus dem 17. bis 19. Jahrhundert. Eine Schusterwerkstatt und Kücheneinrichtung aus dieser Zeit sind im Haus zu sehen.

Adresse: Rittergasse 14

Kaufmannshaus (1485) ★

Eine Tafel am Haus, welches heute einen Laden und Ferienwohnungen enthält, informiert:

> Stolberger Kaufmannshaus
> Ständerbau, erbaut 1485, über vier Geschoße, original erhaltene Holzbohlenstube mit offener Kochstelle und darunterliegendem historischen Tonnengewölbe aus der Zeit der Stadtgründung.

Adresse: Rittergasse 13

Alte Münze (1535) ★ ★ 📄

Die **Alte Münze** gilt mit ihrem prägenden polygonalen Erker als eines der prächtigsten Fachwerkhäuser Stolbergs. Zu den Renaissance-Zierformen gehören zahlreiche Fächerrosetten in Dreieckstrukturen. Das Haus wurde um 1535 vom Stolberger Münzmeister Kilian Keßler erbaut und hatte seither eine Vielzahl von Funktionen. So diente es als Münze, Bergamt, Amtsgericht, Konsistorium und Heimatmuseum. !990/91 wurde es restauriert und 2004 nochmal saniert, um als Museum Alte Münze wiedereröffnet zu werden. Dieses Museum ist zurzeit wegen Umbau geschlossen und soll bis Frühjahr 2025 wieder eröffnet werden.

Adresse: Niedergasse 19

Rathaus (1498) ★ ★ 🗎

Am Standort des **Rathauses** entstand um 1420 ein gräfliches Spielhaus, welches 1427 der Stadt geschenkt wurde. 1494-98 entstand der Fachwerkbau mit den markanten Erkern, die in spitzen, schieferbedeckten Türmchen zulaufen. Die interessante Fassade wird zudem durch eine Freitreppe bereichert. Die Kombination von Putz, Fachwerk- und Schieferfassade, von roter, grüner, schwarzer und beiger Farbe, machen das Erscheinungsbild sehr prägnant.

Adresse: Marktplatz 1

Schiefes Haus (1680) ★

Das **Schiefe Haus** wurde im Teil der Stadt erbaut, in welchem Wernigerode vor etwa 1000 Jahren gegründet wurde. Als Walkmühle der Tuchmacher wurde das Schiefe Haus um 1680 an der Stelle einer alten Mühle erbaut. Das durch den Mühlgraben gespeiste Wasserrad trieb ab Mitte des 19. Jahrhunderts eine Mehlmühle an. Um 1890 wurde es zum Wohnhaus umgebaut. Später wurde das Haus von der Stadtverwaltung genutzt. Heute findet sich in ihm ein Museum.

Adresse: Klintgasse 5

Kleinstes Haus (um 1750) ★ 📄

Das **Kleinste Haus** in Wernigerode entstand einst im Barockstil in einer Baulücke und ist nur 2,95 m breit und bis zur Dachtraufe 4,20 m hoch. Geht man durch die 1,70 m hohe Tür, muss man den Kopf einziehen. Im Erdgeschoss findet sich die Küche, im ersten Stock auf 10m^2 eine Wohnstube, im Dachgeschoss der Schlafraum. Angeblich sollen einst bis zu 11 Personen im Haus gewohnt haben. Heute befindet sich darin ein Museum, welches die Wohnverhältnisse früherer Zeiten anhand des Hauses zeigt.

Adresse: Kochstraße

Krummelsches Haus (1674) ★ ★ 📄

Der Berliner Kornhändler Heinrich Krummel ließ das Haus 1674 im Stil des Spätbarocks erbauen. Die Fachwerkstruktur ist durch die vorgesetzte Holzfassade mit ihren reichen Schnitzereien nicht zu sehen. Die allegorischen Darstellungen auf geschnitzten Holztafeln wurden nach Stichen des flämischen Kupferstechers Adriaen Collaert gestaltet. In der Not der 1920er Jahre bot eine Londoner Firma 2000 Pfund für die Holzfassade, doch die Besitzerin blieb standhaft. Auch weitere Kaufversuche konnten abgewehrt werden.

Adresse: Breite Straße 72

Krellsche Schmiede (1678) ★ 🗎

Die **Krellsche Schmiede** in der Neustadt von Wernigerode gilt als älteste Schmiede Deutschlands, welche noch in Betrieb ist.
Das Gebäude wurde 1678 vom schwäbischen Schmiedemeister Michael Krell errichtet und blieb bis 1837 im Besitz der Familie. Der Schmiedegeselle Michael Niehoff kaufte es danach und seine Familie führte den Schmiedebetrieb bis 1975 fort. 1986 wurde das Haus und die Schmiede restauriert und 1990 ein Museum eingerichtet. Seit 2008 wird die Schmiede als technisches Denkmal wieder betrieben. Im Sommer 2023 stand die Schmiede allerdings leer und das Haus zum Verkauf.

Adresse: Breite Straße 95

3.2 Der Süden Sachsen-Anhalts

Halle

Graseweghaus (um 1600) ★

Halle wurde im Krieg nur wenig zerstört, die Altstadt blieb weitgehend erhalten. Es gibt jedoch in der Altstadt Straßenzüge mit kleineren Plattenbauten. An der Spitze eines von Plattenbauten geprägten Altstadtblocks findet sich das **Graseweghaus**. 1976 zum Abriss vorgesehen, als hier Plattenbauten entstanden, blieb es durch das Engagement der Bürger erhalten. So wurde es bereits in den 1980er Jahren zu einem Prestigeobjekt der Denkmalpflege. Ab 2016 musste es jedoch für 1.3 Millionen Euro noch einmal saniert werden. Heute steht es in alter Frische da, während die nahen Plattenbauten schon in die Jahre gekommen sind.

Adresse: Große Klaus-Straße 4

Brauhaus (1598) ★

Das Brauhaus ist ein heute noch betriebener Gasthof aus dem 16. Jahrhundert mit zwei Fachwerketagen. Ein Holzschild an der Fassade informiert:

Fachwerkhaus aus dem 16. Jahrhundert. Prächtiges altstädtisches Haus, dreigeschossiger Fachwerkbau der Frührenaissance, erbaut wohl 1598.

Adresse: Holzmarkt

Fachwerkhaus am Markt (16. Jahrhundert) ★

Dies ist eines der wenigen erhaltenen Fachwerkhäuser aus der zweiten Hälfte des 16. Jahrhunderts in Merseburg. Es verfügt über einen gotischen Keller. Ab dem ersten Obergeschoss wurde es rekonstruiert.

Adresse: Markt, Ecke Burgstraße

Schloßgasse 1 (17. Jahrhundert)

Die beiden auf einem Steingeschoss sitzenden Fachwerketagen zeigen zum Kornmarkt einen polygonalen Erker, sonst jedoch ein einfaches zierformenarmes Muster.

Adresse: Schloßgasse 1

Markt 10 (16. Jahrhundert) ★

Das Haus am Markt zeigt an seinen zwei Fachwerkobergeschossen.
Renaissance-Fächerrosetten. Es beherbergt heute Büros.

Adresse: Markt 10

3.3 Der Norden Sachsen-Anhalts (Altmark, Börde)

> **Haldensleben**

Templer-Haus (1553) ★

Das 1553 erbaute **Templer-Haus** ist das älteste erhaltene Wohngebäude in Haldensleben. 1992/93 wurde das Haus restauriert und die
Fachwerkstruktur wieder freigelegt.

Adresse: Magdeburger Straße 34

Kühnesches Haus (1592) ★ ★ 📄

Das 1592 erbaute **Kühnesche Haus** ist das schönste Fachwerkhaus in Haldensleben und wohl sogar im Bördekreis. Die dreieckigen Elemente im ersten und zweiten Obergeschoss sind reich verziert. Nur im Giebel zeigen sie die für die Renaissancezeit in Norddeutschland typischen Fächerrosetten.

Adresse: Hagenstraße 9

Lukasklause (1903) 📄

Magdeburg, dessen Altstadt sowohl im Dreißigjährigen Krieg als auch im Zweiten Weltkrieg völlig zerstört wurde, ist eher fachwerk-arm. Vereinzelt findet sich jedoch Fachwerk in der Stadt. Die Lukas-klause, ein spätgotischer Wehrturm aus dem Mittelalter, erhielt 1902/03 einen historisierenden Anbau mit einem runden Treppenturm und einer Galerie aus Fachwerk.

Adresse: Schleinufer

Lange Straße 56 (1645) ★

Das 1645 (während des Dreißigjährigen Krieges) erbaute Spätrenaissance- Fachwerkhaus in Oebisfelde zeigt Zierelemente in den Ausfachungen, den Balkenköpfen, durch Klötzchenfriese und durch eine Inschrift auf einer Schwelle. Das rechts zu sehende benachbarte Haus ist sogar noch 200 Jahre älter (ca.1448 errichtet, gotische Architektur). Oebisfelde (nahe Wolfsburg gelegen) hat um die 200 Fachwerkhäuser und bemüht sich in die Deutsche Fachwerkstraße aufgenommen zu werden.

In der großen Altstadt Salzwedels finden sich über 600 Fachwerkhäuser. Damit liegt Salzwedel an zweiter Stelle in Sachsen-Anhalt und gehört zu den zehn deutschen Städten mit den meisten Fachwerkhäusern.

Altperverstraße 20 (16. Jahrhundert) ★

Seit 2020 findet sich das Fachwerkhaus in der Altstadt von Salzwedel in der Sanierung. Die Arbeiten sind bereits fast abgeschlossen. Es zeigt eine eher einfache Fassade mit Andreaskreuzen, im Erdgeschoss teilweise mit Schnitzereien. Nebenan der Backsteingotik-Bau der Alten Münze, der im Giebel Fachwerkstrukturen zeigt.

Adresse: Altperverstraße 20

Ritterhaus (1596) ★

Das 1992 sanierte Renaissance-Fachwerkhaus zeigt ein beeindruckendes Portal mit detaillierten Schnitzereien. Eine Tafel am Haus informiert:

> Die rekonstruierte Fachwerkfassade aus dem Jahr 1596 gehört zu den schönsten der Stadt. In dem detailreich mit Flachrelief-Schnitzereien verzierten Portal sind ein junger und ein alter Ritter im Harnisch zu sehen. Die kunstvollen Darstellungen sind der Renaissance zuzuordnen.

Adresse: Radestraße 9

Ehemaliges Handelshaus (1588) ★

Das ehemalige Handelshaus aus der Renaissancezeit, das bereits zur 750-Jahr-Feier 1933 restauriert und zu DDR-Zeiten noch einmal rekonstruiert wurde, liegt direkt am Stadtfluss und zeigt ein sehr hohes Erdgeschoss. Ein Schild am Gebäude informiert:

> Der Renaissance-Fachwerkbau aus dem Jahr 1588 erinnert an die Zeit, als an der Jeetze Kähne beladen wurden. Er liegt in der Nähe des damaligen Hafens und diente als Speicher. Nach einer umfangreichen Rekonstruktion von 1979 bis 1982 wurde er für kulturelle Zwecke genutzt. Seit 2011 befindet sich hier der Sitz der Salzwedeler Urania e.V.

Adresse: Reiche Straße 12

Speicher-Gebäude (1584)

Mit 1584 (Inschriftentafel zeigt jedoch 1534, es wird diskutiert, ob die 8 in der Jahreszahl später zur 3 wurde) bezeichnetes Fachwerkhaus ist eines der letzten erhaltenen ehemaligen Speichergebäude in der ehemaligen Salzwedeler Neustadt. Das Gebäude steht leider bereits seit einigen Jahren leer und verfällt langsam.

Adresse: Neuperverstraße 57

Terrakottenhaus (1722) ★

Eine Tafel am Gebäude informiert:

Das Terrakottenhaus wurde 1722 errichtet. Die Fassade ist mit 15 Terrakottenreliefs verziert, die elegant gekleidete Damen und Herren der Renaissance darstellen. Sie stammen vermutlich von einem Vorgängerbau und sind im 16. Jahrhundert in der Werkstatt des Statius von Düren aus Lübeck entstanden.

Adresse: Neuperverstraße 18

Lohteich 29, 31 (16. Jahrhundert) ★

Das denkmalgeschützte Gebäude am Lohteich fällt durch die gebogene Obergeschossschwelle ins Auge. Es wurde Anfang der 1990er mit Städtebaufördermitteln gesichert. Erst wurde es von einer Wohnungsbaugesellschaft verwaltet, dann von einem privaten Bauherren erworben und, wiederum mithilfe von Städtebaufördermitteln, zu eigenen Wohnzwecken ausgebaut. Die Bogenöffnung der Haustüre wurde wieder hergestellt und eine neue Durchfahrt entstand anstelle eines sehr maroden Fassadenabschnittes. Anstelle eines heute zu niedrigen Tores wurden neue sehr nahe am Boden liegende Fenster eingesetzt

Fachwerkkirche (1724)

Die Kirche wurde 1724 mit Fachwerkstrukturen auf den Resten einer Feldsteinkirche in Vaethen (heute Tangerhütte) erbaut.

Adresse: Breite Straße 20

Buhnenkopf (17. Jahrhundert) ★

Weil es so in die Straße hineinragt, wie der Buhnenkopf einer Uferbefestigung in den Fluss, heißt das Fachwerkhaus in der Altstadt von Tangermünde (Sachsen-Anhalt) im Volksmund 'Buhnenkopf'. Laut Webseite der Stadt wurde es im 17. Jahrhundert errichtet. Laut Infotafel am Gebäude wurde das nach oben auskragende Gebäude mit Fachwerk ohne Zierformen auf den Resten eines Vorgängerbaues aus dem 17. Jahrhundert unter Beachtung des Denkmalschutzes erbaut, was ein späteres Baujahr impliziert. Seit 1993 sitzt im Gebäude der örtliche Tourismusverband.

Adresse: Marktstraße 13

Kirchstraße 23 (1619) ★

Das mit 1619 bezeichnete, heute zu Wohnzwecken genutzte Fachwerkhaus mit Schnitzereien an Tür und Toreinfahrt gehört zu den schönsten Tangermündes.

Adresse: Kirchstraße 23

Marktplatz 17 (18. Jahrhundert)

Werben ist die kleinste Hansestadt und gehört zu den zehn kleinsten Städten Deutschlands. Das Haus am Marktplatz ist eines der ältesten Häuser der Stadt. Die Gattin Friedrichs des Großen soll hier genächtigt haben. 1799 wurde das Haus vom Magistrat Werben an die Ratskellerpächterin Hellbach verkauft, die hier anschließend die „Ratsschenke" betrieb. Ab 1890 ergänzte ein neuer Besitzer das Haus durch einen Kaufladen und eine Zweigstelle der Sparkasse. Der Kaufladen wurde noch bis zur Wende geführt. 1990 kaufte die Familie Eifrig das Haus von der Stadt und sanierte es umfassend.

5 weitere besondere Fachwerkhäuser in Sachsen-Anhalt

Halle		
Francke-sche Stiftung (1716), Francke-platz, 🗐		Im Komplex der Franckeschen Stiftung findet sich das längste Fachwerkhaus Europas, erbaut 1716. Darin befand sich einst das von Francke gegründete erste Lehrer-bildungsseminar Deutschlands.
Hettstedt		
Brau-haus (17. Jh), Am Brauhaus 9		1224 wurde hier eine Wasserburg errichtet..Ab etwa 1650 diente die Burg auch zu Brauzwecken. Eine Scheune wurde dazu umgebaut und mit Fachwerk verblendet. Bis auf den Turm und das Brauhaus werden 1967 alle Gebäude abgerissen.
Magdeburg		
Tram Endhalte stelle Herren-krug (1901)		Das 1900/1901 im Pagodenstil erbaute Fachwerkgebäude ist das älteste erhal-tene Straßenbahnwartehaus Deutsch-lands und wird oft als das schönste be-zeichnet.
Oebisfelde		
Meinin-ger Straße 112/114 (17. Jahr-hundert)		Einst befand sich eine Brauerei im gebäude. Im Jahre 1790 wurde in diesem Fachwerkhaus die erste Apotheke Oebisfeldes eingerichtet. 1992 gab die Apotheke die Räumlichkeiten auf und es zog eine Rechtsanwaltskanzlei ein.
Schönebeck		
Salz-speicher-häuser (1878), Elbweg 24, 🗐		Das 1878 im Fachwerkstil erbaute Salzlagerhaus am Elbufer in Schö-nebeck gilt als längstes bewohntes Fachwerkgebäude Europas (133 m). In den 1980er Jahren sollte es für Platten-bauten Platz machen. Nach der Wende wurde es zu einem Wohngebäude im Reihenhausstil umgebaut (21 Wohn-häuser mit Fachwerkfassade).

4. Mecklenburg-Vorpommern

In Mecklenburg-Vorpommern gibt es keine ausgeprägten Fachwerkstädte. Keine Stadt des Bundeslandes ist Mitglied der Arbeitsgemeinschaft historische Fachwerkstädte (über 140 Mitglieder). In kleineren Städten des Hinterlandes sind Fachwerkhäuser teilweise jedoch häufiger zu finden. Es handelt sich dennoch meist um eher einfache Fachwerkfassaden, mit rechtwinkliger Anordnung der Balken und in der Regel, weil später entstanden, ohne für die Renaissancezeit typische Schnitzereien und andere Verzierungen. Ein Beispiel eines eher fachwerkreichen Landstädtchens ist Röbel (siehe Bild unten).

Die Stadt Röbel zeichnet sich durch einfache, aber bunte Fachwerkhäuser aus.

Wittescher Speicher (1795)

Der Fachwerkspeicher wurde in den 1990ern umfassend saniert und zunächst von der Stadtinformation genutzt. Seit 2002 beherbergt er gastronomische Einrichtungen. Zusätzlich finden sich im Gebäude Büroräume. Am Speicher informiert eine Tafel:

> Der 1795 erbaute Fachwerkspeicher wurde durch die bedeutende chemische Fabrik Witt für deren frühindustrielle Produktion an pharmazeutischen Präparaten genutzt. Die hier entwickelten Fabrikate Pepsin und Pepton fanden weltweite Verbreitung. Im Keller des Gebäudes ist ein großes Tonnengewölbe des Vorgängerbaus erhalten.

Adresse: Schnickmannstraße 14

Zettler-Haus (1698) ★ 📄

Das 1698 erbaute, im Obergeschoss zur Engen Straße deutlich auskragende zweigeschossige Fachwerkhaus ist eines der ältesten Wohngebäude Schwerins. Einst saß hier eine Weingroßhandlung und der
Weinhändler Michaelis brachte auch den hölzernen Schwedenkopf
am Giebel aus dem damals schwedischen Wismar mit. In den 1960er
Jahren vom Kunstdrechsler Carl-Heinz Zettler erworben, dessen
Tochter Silke-Maria Zettler heute das Geschäft in fünfter Generation
seit 1857 führt, wird es auch Zettler-Haus genannt. Die Seite zur En
gen Gasse ist heute von Vandalismus (Graffiti) betroffen.

Adresse: Buschstraße 15, Ecke Enge Straße

Lange Straße 107 (1818)

Die kleine mecklenburgische Stadt Goldberg hat einige Fachwerkhäuser, die aber nicht sehr alt und eher einfach sind. Das Besondere
in Goldberg sind die Infotafeln an den Fassaden, die detailliert Aus-
kunft über ehemalige Bewohner geben. Das Haus Lange Straße 107
wurde beispielsweise von einem Postmeister, einem Maler, einem
Gärtner, einem Konditor, einem Eiscafé und zuletzt einer Gärtne-
rei/einem Blumenhaus genutzt.

Alte Apotheke (1444)

In der Unistadt Greifswald gibt es nur wenige Fachwerkhäuser. Auch die 2001 sanierte 'Alte Apotheke' ist heute kaum fachwerksichtig. Ein Schild an der Fassade informiert jedoch, dass das 1444 erbaute Gebäude das älteste Fachwerkhaus Mecklenburg-Vorpommerns ist.

Adresse: Baderstraße 1

Heiliggeisthospital (18./19. Jahrhundert) 📄

Auf dem Gelände des ältesten Hospitals der Stadt, welches erstmals 1256 erwähnt wurde und auch als Unterkunft für Arme und durchziehende Auswärtige diente, finden sich auch Fachwerkhäuser aus dem 18. und 19. Jahrhundert (siehe Foto unten).

Adresse: Heiliggeistkloster 17

Am Johanniskloster (17. Jahrhundert)

An dieser Stelle entstand im Jahre 1254 ein Franziskanerkloster. Nach der Reformation kam es in Besitz der Stadt, die dort ein Armenhaus einrichtete. 1624 brannte die gotische Hallenkirche. Sie wurde nicht wieder aufgebaut und in ihrem Chor die kleine Johanniskirche errichtet. In der Barockzeit entstanden am Johanniskloster auch die ‚Klosterbuden‘, kleine Fachwerkhäuser, die heute saniert, privatisiert und bewohnt sind.

Adresse: Am Johanniskloster

Fritz-Reuter-Straße 34 (18./19. Jahrhundert) ★

In Röbel/Müritz gibt es viele bunte Fachwerkfassaden. Die Häuser stammen meist aus dem 19. Jahrhundert, teilweise aus dem 18. Jahrhundert. Lange waren sie verputzt, doch nach der Wende wurde das Fachwerk freigelegt und eine denkmalpflegerisch bestätigte Farbigkeit der Fassaden wieder hergestellt. Röbel (5000 Einwohner) wurde so zu einer bunten kleinen Hafenstadt.

Adresse: Fritz-Reuter-Straße 34

Kirchplatz 17 (19. Jahrhundert)

Das zweigeschossige Fachwerkhaus hat einen niedrigen Feldsteinsockel und zeigt mit den rostbraun gestrichenen Balken und der goldgelben Ausfachung ein Beispiel für die lebendige Farbgestaltung in Röbel. Es wurde wie die anderen Fachwerkhäuser in den 1990er Jahren mit Städtebauförderungsmitteln saniert.

Deutsches Haus (1. Hälfte 16. Jahrhundert) 📄 ★

Das ‚Deutsches Haus' in Rehna ist eines der ältesten Kleinstadt-Fachwerkhäuser in Mecklenburg. 2001-03 wurde es modernisiert. Das Haus war lange Herberge des *Martensmanns* auf seinem Weg nach Schwerin. Bei diesem um 1520 entstandenen, nach der Wende wiederbelebten Brauch, wird im November am Martinstag ein Fass Rotwein von Lübeck per Kutsche nach Schwerin (einst zu den Mecklenburger Fürsten) gebracht. Zwischenstation ist dabei Rehna.

Adresse: Gletzower Str. 15

Gewölbe (Mitte 17. Jahrhundert) ★ 📄

Der zweigeschossige Fachwerkbau steht auf zwei tonnengewölbten Brückenjochen, deshalb der Name. Darunter fließt die Runde Grube in den nahe gelegenen Alten Hafen. Einst befand sich das Gebäude im Besitz der Stadt Wismar. Hier prüften Weinherren, die Vorsteher des Ratskellers, die Qualität der im Hafen angelieferten Weine, bevor diese zum Ratskeller gebracht wurden. Später wurde das Haus als Bierausschank und schließlich als Fisch- und Aalräucherei genutzt. Das Backsteingebäude des Räuchereianbaus wurde 2000 abgerissen.

Adresse: Runde Grube 4

Am Markt 9 (1658) 📄

Das Fachwerkhaus am Markt, wurde 1656-1658 erbaut und ist eines der ältesten Profanbauten der Stadt. Es hat ein Krüppelwalmdach und eine zweigeschossige Utlucht. Es ist mit roten Ziermauerwerk ausgefacht.

5. Thüringen

Zu Thüringen gibt es jetzt einen eigenen Band mit Top-55 Gebäuden ausgewählt aus insgesamt 80 Fachwerkhäusern

Eine Seite aus diesem Buch ist nachfolgend wiedergegeben.

Watzdorfer Geleitschenke (16. Jahrhundert) ★ ★ □ 📄

Beim im 16. Jahrhundert erbauten Gasthaus **Watzdorfer Geleit-schenke** in Weimar ist die hohe Dichte der Andreaskreuze in den Obergeschossen der Vorderseite und im Giebelbereich auffallend.

Adresse: Scherfgasse 4

Aus den Top 55 wurde eine Teilliste der Top-10 ausgewählt (welche auch zu den Top-Fachwerkhäusern Deutschlands gezählt werden).

Meine Top-10 der Fachwerkgebäude in Thüringen★★

🗐: Gebäude mit Wikipedia-Artikel

(Gleichzeitig in den Top-Deutschland)

Stadt	Fachwerkgebäude
Eisenach	**Lutherhaus** 🗐
Kleineutersdorf	**Herzogstuhl**
Meiningen	**Büchnersches Hinterhaus**
Paulinzella	**Forsthaus** 🗐
Suhl-Heinrichs	**Rathaus**
Themar	**Amtshaus**
Treffurt	**Kirchstraße 31** 🗐
Vacha	**Widmarckt (Rathaus)**
Wasungen	**Damenstift**
Weimar	**Watzdorfer Geleitschenke** 🗐

Zusätzliche wurden 5 Häuser mit Besonderheiten ausgewählt, welche sie optische besonders attraktiv machen:

B. Salzungen	Kurhaus	Anmutung
Eisenach	**Schmales Haus**	Sehr schmal
Heldburg	**Happach'sches Haus**	Zierfachwerk
Mühlhausen	**Schmalstes Haus**	Sehr schmal
Nordhausen	**Torhaus Spendenkirchhof**	Kubatur

6. Sachsen

In der letzten Auflage dieses Bandes war aus Sachsen nur ein Fachwerkhaus enthalten- das Brau-Erbe-Haus in Delitzsch (siehe nachfolgende Seite). Seither habe ich einige Kurzreisen unternommen und konnte einen im Sommer 2025 erschienenen eigenen Band zu Sachsen füllen, der auch viele Umgebindehäuser enthält. Aus insgesamt 65 Gebäuden werden die 55 sehenswertesten ausgewählt.

Eine Seite aus diesem Buch ist nachfolgend wiedergegeben.

Delitzsch

Brau-Erbe-Haus (1544) ★

1544 erbautes **'Brau-Erbe-Haus'**, eines der wenigen fachwerksichtigen Häuser in Delitzsch (Sachsen). Mit dem Besitz war das Recht des Bierbrauens verbunden, was den Namen des Gebäudes erklärt. Bis ins 18. Jahrhundert hinein war das Haus im Besitz von verschiedenen Ratsherren und Bürgermeistern.

Adresse: Breite Straße 3

Aus den Top 55 wurde eine Teilliste der Top-10 Sachsens ausgewählt:

Meine Top-10 der Fachwerkgebäude in Sachsen

Stadt	Fachwerkgebäude
Dresden	Hentschel Mühle
Hartenstein	Weißes Ross
Hohnstein	Rathaus
Meißen	Vincenz-Ritter-Haus
Obercunnersdorf	Schunkelhaus
Olbernhau	Saigerhütte (2 Gebäude: Anrichter, Hüttenmeister)
Treuen	Zwei Krötenbachhäuser
Weischlitz	Herrenhaus

7. Schlusswort

Ich hoffe, die kleine Sammlung von besonderen Fachwerkhäusern ist für die LeserInnen unterhaltsam und anregend. Über Hinweise zu weiteren interessanten Gebäuden würde ich mich freuen. Kommentare zur bestehenden Sammlung sind ebenfalls willkommen. Am besten an:

Richard.deiss@gmail.com

In Landau/Isar gesehen.

Zum Autor

Richard Deiss stammt aus Isny im Allgäu, studierte in den 1980er Jahren in München Geografie und arbeitete ab den 1990er Jahren als Verkehrsplaner und im Bereich der Statistik. Heute lebt er in Kerkrade und Isny. Bei BoD hat er seit 2006 bereits mehr als 80 Titel publiziert, zuletzt 12 Bücher zu Fachwerkhäusern und 6 weitere Architekturbücher. Zurzeit arbeitet er an einer Buchreihe zu Gedenk- und Informationstafeln. Seine Bücher decken Themengebiete ab, zu denen es bisher wenige Veröffentlichungen gibt.

Anhang
Die Top-20 Fachwerkgebäude Norddeutschlands
(mit Wikipedia Artikel:▤)

Rekonstruktion: ☆

Region	Fachwerkgebäude, Stadt
S. Holstein	**Elbstraße 105,** Lauenburg
Braunschweig	**Ritter St. Georg,** Braunschweig ▤
	Rathaus, Duderstadt ▤
	Hessesches Haus, Duderstadt
	Altes Rathaus, Einbeck ▤
	Eickesches Haus, Einbeck ▤
	Brusttuch, Goslar ▤
	Siemenshaus, Goslar ▤
Hannover	**Lateinschule,** Alfeld ▤
	Bürgerhus, Hameln
	Stiftshaus, Hameln ▤
	Knochenhaueramtshaus, Hildesheim ▤☆
	Wedekindhaus, Hildesheim ▤☆
	Wernersches Haus, Hildesheim ▤
	Haus zum Wolf, Stadthagen
Lüneburg	**Hoppener Haus,** Celle ▤
	Brauhaus-Flügelbau, Lüneburg
	Hökerhaus, Stade
	Strukturstraße, Verden ▤
Weser-Ems	**Haus Willmann,** Osnabrück ▤

Zusätzliche 5 Häuser mit Besonderheiten, welche sie optische besonders attraktiv machen

Bremen	Wüste Stätte 1	Schmale Form
Buxtehude	Regionalmuseum	Backsteinmuster
Hameln	Lückingsches Haus	Bemalung
Holzminden	Hafenmeisterhäuschen	Kubatur
Wolfenbüttel	Schmales Haus	Schmale Form

Die Top-15 Fachwerkgebäude im Band Nordrhein-Westfalen
Insgesamt 100 Gebäude im Buch, darunter 19 mit Wikipedia-Artikel

RB	**Pfarrhaus,** Gruiten-Dorf
Düsseldorf	**Suitbertusstuben,** Ratingen
RB Köln	**Windeckhaus,** Bad Münstereifel
RB Münster	**Alte Post,** Drensteinfurt,
RB Arnsberg	**Stoltz'sches Haus,** Bad Laasphe
	Altes Rathaus, Hattingen 📄
	Kumpfstraße, Altenhundem
RB Detmold	**Amelunxenscher Hof,** Höxter 📄
	Haus Horstkotte, Höxter
	Adam-und-Eva-Haus, Paderborn 📄
	Spieker, Atteln 📄
Kreis Lippe	**Rathaus,** Blomberg 📄
(RB	**Altes Amtshaus,** Blomberg
Detmold)	**Rathaus,** Schwalenberg 📄
	Haus Malz, Vlotho 📄

Die Top-15 Fachwerkgebäude im Band Hessen,
Insgesamt 120 Gebäude im Buch, darunter 24 mit Wikipedia-Artikel

Nord- und	Bad Sooden-Allendorf, **Bürgersches Haus** 📄
Osthessen	Frankenberg, **Rathaus** 📄
(RB Kassel)	Fritzlar, **St. Michaelis**
	Homberg/Efze, **Gasthaus Zur Krone**
	Fulda, **Altes Rathaus**
Mittelhessen	Alsfeld, **Rathaus** 📄
(RB Gießen)	Kirchhain, **Altes Rathaus**
	Limburg, **Goldener Löwe**
	Neustadt, **Rathaus** 📄
Südhessen	Frankfurt, **Großer Engel**
(RB	Frankfurt, **Goldene Waage** 📄
Darmstadt)	Idstein, **Schiefes Haus** 📄
	Idstein, **Killingerhaus** 📄
	Michelstadt, **Altes Rathaus** 📄
	Seligenstadt, **Einhardsches Haus** 📄

Top-18 Fachwerkhäuser im Band Baden-Württembergs
Insg- 125 Gebäude im Buch, darunter 28 mit Wikipedia-Artikel

RB	Calw, **Haus Schnaufer** (🖹)
Karlsruhe	Ladenburg, **Neunhellerhaus** 🖹
RB Freiburg	Schiltach, **Adler**
RB Stuttgart	Bad Wimpfen, **Schmuckkästchen**
	Besigheim, **Rathaus**
	Bietigheim, **Hornmoldhaus** 🖹
	Bönnigheim, **Ratsstüble**
	Eppingen, **Baumannsches Haus** 🖹
	Esslingen, **Rathaus** 🖹
	Großbottwar, **Rathaus**
	Markgröningen, **Rathaus** 🖹
	Markgröningen, **Wimpelinhof**
	Schorndorf, **Palmsche Apotheke** 🖹
	Schwäbisch Gmünd, **Amtshaus** 🖹
	Vaihingen-Enzweihingen, **Großes Haus**
	Weinstadt-Strümpfelbach, **Altes Rathaus** 🖹
RB Tübingen	Blaubeuren, **Hoher Wil**
	Ulm, **Schmales Haus**

Top-15 Fachwerkhäuser im Band Bayern
Insgesamt 75 Gebäude, davon 19 mit Wikipedia-Artikel

Unterfranken	Miltenberg, **Zum Riesen** 🖹
	Miltenberg, **Haus Clausius**
Mittelfranken	Dinkelsbühl, **Deutsches Haus** 🖹
	Großhabersdorf, **Gasthaus Rotes Ross**
	Nürnberg, **Pilatushaus** 🖹
	Nürnberg, **Dürerhaus** 🖹
	Roth, **Riffelmacherhaus**
	Rothenburg, **Jagstheimerhaus**
	Rothenburg, **Gerlachschmiede**
	Spalt, **Mühlreisighaus**
Oberfranken	Bamberg, **Rottmeisterhäuschen** 🖹
	Burgkunstadt, **Rathaus** 🖹
	Marktzeuln, **Rathaus** 🖹
Schwaben	Memmingen, **Siebendächerhaus** 🖹
	Nördlingen, **Tanzhaus**

Quellennachweis:

Bilder: Richard Deiss

Texte: Informationen zu den Texten:

Elmar Arnold
Hrsg: Geschäftsstelle Fachwerk5Eck, Rathaus Northeim
Die historischen Stadtkerne im Fachwerk5Eck
Städtebauliche Entwicklung und Stadtgestalt im Wandel der Jahrhunderte, 2. Auflage, Northeim 2020

Elmar Arnold
(Herausgeber: siehe oben)
Die Fachwerkarchitektur im Fachwerk5Eck
Ein Führer zu den Schätzen niedersächsischer Holzbaukunst
Northeim 2023

Manfred Gertner
Deutsche Fachwerkstraße
Hrsg: Arbeitsgemeinschaft Deutsche Fachwerkstädte e.V.
Bad Neustadt an der Saale

<u>Zusätzliche Online-Quellen:</u>

Wikipedia wurde als Quelle für alle Gebäude benutzt, die durch ein 🗎 gekennzeichnet sind. Für 28 und damit fast ein Drittel der vorgestellten Häuserhaben gibt es einen eigenen Wikipedia-Artikel. Zudem wurden Informationen in den Wikipedia-Seiten Liste der Baudenkmäler (pro Stadt) genutzt.

<u>Allgemeine Quellen</u>

Fachwerkfreunde
www.fachwerkfreunde.de

Deutsche Stiftung Denkmalschutz
www.denkmalschutz.de

AG Historische Stadtkerne in Brandenburg
https://ag-historische-stadtkerne.de/

<u>Spezifische Quellen:</u>

Bad Liebenstein, Alte Post
https://www.bad-liebenstein.de/sehenswuerdigkeiten/historische-post

Berlin-Spandau, Kolkstraße
https://www.berlinstadtservice.de/xinh/Kolk-Fachwerkhaeuser.html

Berlin-Spandau, Wendenschloss
https://www.spandau-tourist-info.de/wendenschloss-ackerbuergerhaus/

Beeskow, Speicher
https://ag-historische-stadtkerne.de/veranstaltungen/aeltestes-haus/

Kyritz, Eichhorstsches Haus
https://www.kyritz.de/verzeichnis/objekt.php?mandat=96067

Kyritz, Diercke.Geburtshaus
https://www.kyritz.de/verzeichnis/objekt.php?mandat=192226&browser=1

Kyritz, Fachwerkhaus Joh. Sebastian-Bachstr. 36

https://ag-historische-stadtkerne.de/veranstaltungen/johann-sebastian-bach-strasse-36/

Perleberg, Kaufmannshaus
https://www.tag-des-offenen-denkmals.de/denkmal/cmc939ex0001qjy04jmcjjuqz/das-perleberger-kaufmannshaus

Perleberg, Kaufmannshaus am Schuhmarkt
https://www.reiseland-brandenburg.de/poi/prignitz/historische-baudenkmaeler-und-staetten/schuhmarkt-perleberg/

Potsdam, Jägerstraße 39
https://www.potsdam-wiki.de/J%C3%A4gerstra%C3%9Fe_39

Spremberg, Sonntagsches Haus
https://spremberg.de/tourismus-kultur/kultur/detail/101626

Treuenbrietzen, Jugendbauhütte
https://www.denkmalschutz.de/denkmal/fachwerkhaus-treuenbrietzen.html

Treuenbrietzen, Gildenhaus
https://www.treuenbrietzen.de/seite/477561/sehenswertes.html

Halberstadt, Gleimhaus
https://www.gleimhaus.de/startseite.html

Halberstadt, Weinhaus Zur Sonne
https://www.volksstimme.de/lokal/halberstadt/halberstadter-rettet-denkmal-1002407

Halle, Graseweghaus
https://www.mz.de/lokal/halle-saale/altstadt-wohnhaus-das-wunder-vom-graseweg-1167596

Halle, Franckesche Stiftungen
https://sachsen-anhalt-tourismus.de/kultur/noch-mehr-kultur/kunst-und-museen/franckesche-stiftungen

Mühlhausen, Fachwerkhäuser
https://www.muehlhausen.de/tourismus/sehenswuerdigkeiten/buerger-und-fachwerkhaeuser/

Quedlinburg, Klopstockhaus
https://www.quedlinburg.de/Familie-und-Leben/Kultur/St%C3%A4dtische-Museen/Klopstockhaus/

Quedlinburg, Gildehaus Schuhhof
https://www.denkmalschutz.de/denkmal/buergerhaus-schuhhof.html

Rathenow, Altstadt
https://www.rathenow.de/kultur-tourismus/sehenswertes/sehenswertes-in-der-region/altstadt/

Wernigerode, Rathaus
https://www.fachwerkhaus.de/das-rathaus-von-wernigerode.html

Wernigerode, Krellsche Schmiede
https://www.wernigerode.de/B%C3%BCrgerservice/Hilfe-Beratung-Frauenschutz/Katastrophenschutz/index.php?object=tx,3098.14663.1&NavID=3098.32&La=1

Wernigerode, Schiefes Haus
https://www.wernigerode.de/Stadtleben/Kultur-und-Freizeit/Museen-Galerien/Museum-Schiefes-Haus/

Wernigerode, Kleinstes Haus
https://www.wernigerode.de/das-kleinste-haus.html

Salzwedel, Speichergebäude
https://entdecke-salzwedel.de/fachwerkspeicher/

Tangerhütte, Fachwerkkirche
https://www.volksstimme.de/lokal/tangerhuette/kirche-ist-eines-der-altesten-gebaude-von-tangerhutte-kreis-stendal-3780319

Worbis, Alte Meisterei
https://www.leinefelde-worbis.de/tourismusfreizeit/ueber-uns/themenrundgaenge/deutsche-fachwerkstrasse-worbis/scharfrichterhaus/

Weitere Architekturbücher des Autors bei books on demand, www.bod.de

Deutschlands schönste Fachwerkhäuser
Meine Liste der 100 schönsten Fachwerkgebäude in Deutschland
Norderstedt 2023

Die schönsten Fachwerkhäuser in Norddeutschland
Meine Liste der 77 schönsten Fachwerkhäuser in den 5 nördlichen
Bundesländern, Norderstedt 2025

Die schönsten Fachwerkhäuser in Nordrhein-Westfalen
Meine Liste der 77 schönsten Fachwerkhäuser in NRW
Norderstedt 2025

Die schönsten Fachwerkhäuser in Hessen
Meine Liste der 77 schönsten Fachwerkhäuser in Hessen,
Norderstedt 2024

Die schönsten Fachwerkhäuser im Westen Deutschlands
Meine Liste der 55 schönsten Fachwerkhäuser in Rheinland-Pfalz und
im Saarland, Norderstedt 2024

Die schönsten Fachwerkhäuser Baden-Württembergs
Meine Liste der 100 sehenswertesten Fachwerkgebäude in
Süddeutschland mit Schwerpunkt Baden-Württemberg,
Norderstedt 2025

Die schönsten Fachwerkhäuser Bayerns
Meine Liste der 77 sehenswertesten Fachwerkgebäude in Franken
und in Bayerisch Schwaben
Norderstedt 2025

Die schönsten Fachwerkhäuser der Schweiz und Österreichs
Meine Liste der 77 schönsten Fachwerkhäuser in Vorarlberg und der
Schweiz, Norderstedt 2025